VQ

W0052287

Es sei dies Buch meinem Großvater Georg, meinem Onkel Wolfhard,

meinen Ärzten, im Besonderen und in Dankbarkeit Rainer Gerstner

sowie dem Andenken an Anna Schmidt gewidmet.

# MORBUS
## NORA GOMRINGER

MIT ILLUSTRATIONEN VON REIMAR LIMMER

Voland & Quist

Verlag Voland & Quist, Dresden und Leipzig, 2015

© by Verlag Voland & Quist OHG

Lektorat: docnogo

Umschlaggestaltung und Satz: Heimar Limmer, embargo-grafik.de

Tonaufnahmen und Mastering: Alexander Döbereiner, Pyromusic.de

Druck und Bindung: C.P.I. Moravia, Czech Republic

CD-Produktion: polycopy, Aachen


www.voland-quist.de

# INHALTSVERZEICHNIS

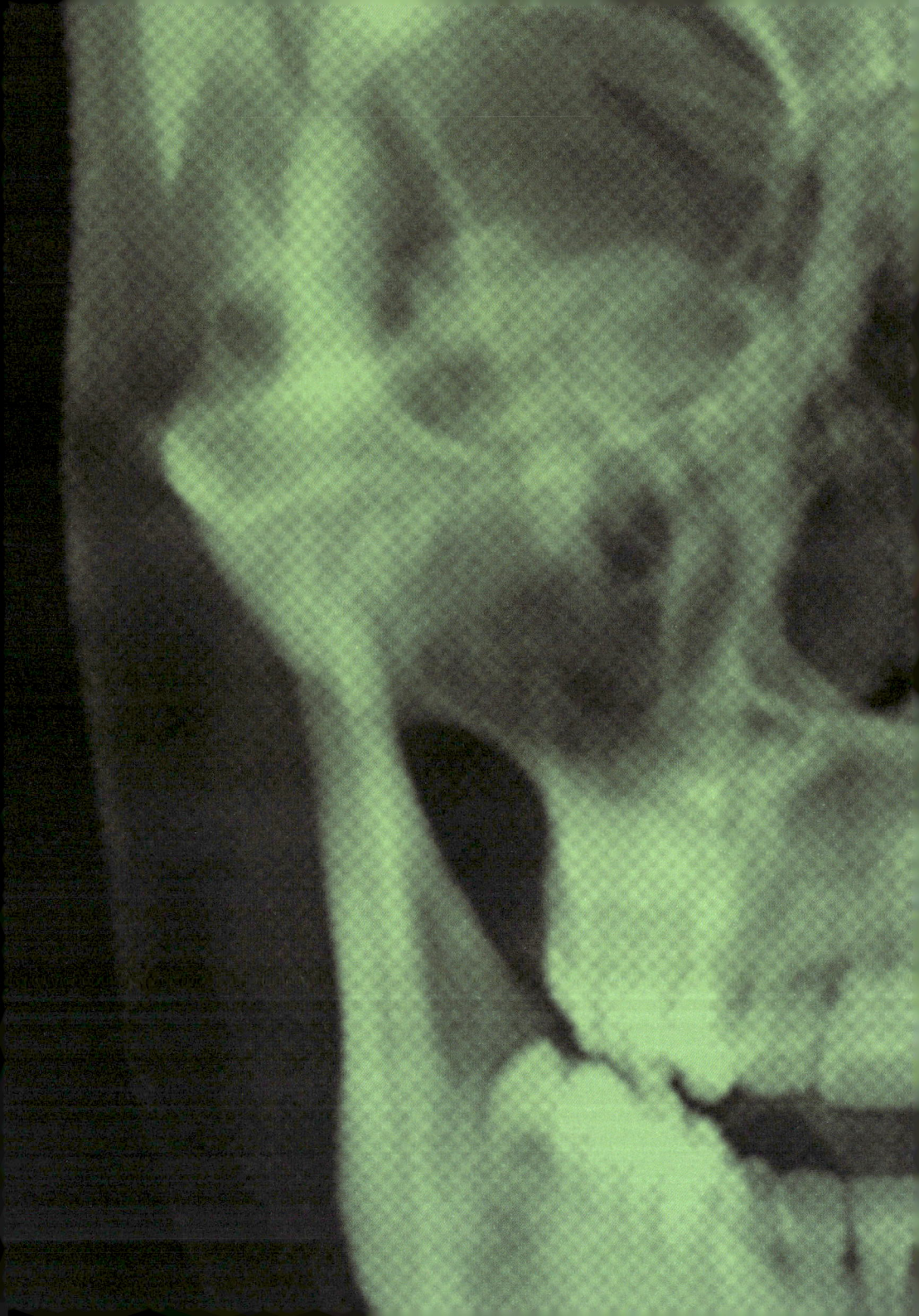

**Der HERR hat's gegeben, der HERR hat's genommen; der Name des HERRN sei gelobt.**

- Hiob 1, 21

**Everyone who is born holds dual citizenship, in the kingdom of the well and in the kingdom of the sick. Although we all prefer to use only the good passport, sooner or later each of us is obliged, at least for a spell, to identify ourselves as citizens of that other place.**

- Susan Sontag

**…das ist das Hässlichste, was man über einen Menschen sagen kann, dieses: Er ist tot.**

- Esther Maria Magnis

**Doctor, doctor, gimme the news
I got a bad case of lovin' you
No pill's gonna cure my ill**

- Robert Palmer

## NASHI

Es erhält dem Braten den Geschmack,
ist Filter, Prisma und auch Speicher,
erpresst die Träger und Verehrer gleichermaßen.
Dereinst als Indikator großer Fülle, reicher Mengen
ist heute Fett die Skepsis der Zivilisation.
Im Buche aller Fratzen schreibt
Zarte Elfe 345, dass man nicht *fett* als Adjektiv verwenden könnte,
man sagen müsste, dass man es trüge
gleich einer Sammlung Gürtel wie das namensgleiche Tier.
So trägt der Mensch den Rohstoff undankbar
in Blut und Weberei der eigenen Faktion.
Doch wissen soll er:
Es ist das Fett ein staunenswerter Freund,
der auch aus süßem Zustand sich uns zuzuneigen weiß.
Und er erhält, wenn zwei, drei Wochen Krankheit,
Fieber, Mitgenommenheiten uns befallen.
Er zehrt sich auf für uns und lächelt, weil er doch weiß,
dass seine Ländereien von uns gedehnt
und stets erweitert werden.
Auch ist sein Erinnern ohnegleichen,
weil es in Struktur gedeutet werden kann.
Wo einmal Fett, da wieder Fett
und immer weiter voran so
in diesen Körper-Apfelbirnenwelten.

## ERZIEHER

Ich bin der Virus, der wie alle Viren
euch erzieht. Versteht mich richtig:

Ich bin der Bückling, öffne Türen, halte
offen sie für allerlei Besuch.
Der dann ist Denunziant,
der mit der zärtlichen Verschränkung
dir die Wangen rötet, bis du gehst,
ertappt von unserer Nacht. Dann,
die Flecken tragen einen Namen,
so wie ich so viele trug, als ich noch
Schall und aus dem Rauch war,
der aus Bars emporgestiegen kam.
Ich küss den Mann, der Männer küsst.
Ich komme mit dem falschen Blut, das rettet.
Ich bin in jedem Tropfen, bin ein Januskopf,
gespaltne Zunge, Wort darauf.
So küss ich Dallas Cowboys, schöne Engel
und die Kleinsten, Jüngsten aus dem Schlaf,
den sie neun Monde träumten.
Und ihr dosiert Akronyme
in die Venen meiner Geliebten,
vergiftet auf ganz eigene Art.
Ich bin der Virus, der wie alle Viren
euch erzieht. Seht den anderen, den anderen,
den immer anderen als euren Wolf.
Seht klar. Hört mich. Das was ich sage,
das stammt nicht von mir.

Auf diesen Mund
leg deinen Zeigefinger,
hast du genug gehört.

| Ü | R | B | L | U | T | M | P | I | Z | D | U |
|---|---|---|---|---|---|---|---|---|---|---|---|
| B | S | F | H | P | G | H | O | N | S | W | E |
| E | W | R | N | S | F | I | U | F | D | I | O |
| R | A | C | G | Y | B | V | C | E | A | M | N |
| T | M | O | R | M | N | P | F | K | G | M | V |
| R | K | N | B | P | A | O | V | T | D | U | A |
| A | I | D | S | T | E | S | T | I | P | N | G |
| G | R | O | X | O | Y | I | E | O | R | S | I |
| U | P | M | R | M | S | T | C | N | Ä | C | N |
| N | T | S | C | E | U | I | M | S | V | H | A |
| G | Z | E | L | L | E | V | P | R | E | W | L |
| C | R | W | N | Ö | Q | M | T | I | N | Ä | V |
| K | T | H | I | V | I | R | U | S | T | C | E |
| U | J | O | Ü | H | N | I | P | I | I | H | R |
| S | P | E | R | M | A | C | J | K | O | E | K |
| S | Y | L | W | K | I | H | X | O | N | W | E |
| M | L | S | A | F | E | R | S | E | X | T | H |
| X | A | N | A | L | V | E | R | K | E | H | R |

## HAB VERGESSEN

Hab vergessen
Zu benennen wie die Straßen
Die Dinger auf denen die Tassen
Im Regal dort hinten in der Auffahrt
Steh ich nackt
Die Haare offen trag ich deinen Ring
Kommt ein Mann täglich
Wie ein wie heißen die
Will mich Kindlein wiegen
Streichelt über meine Wange denk ich
Mörder du Dieb Sie lassen Sie das
Bitte weitermachen unablässig
Riech ich nach Arnika alte Frau
Rufen sie mir zu ich frage sie
wen meint ihr damit
Steh ich nackt in der Auffahrt
Hab vergessen

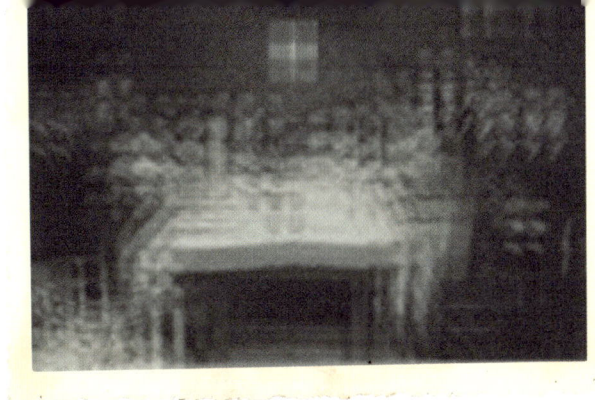

## LE PETIT GARÇON, PLATONIQUE

Dieser kleine Junge,
den hätten wir länger brüten wollen
in den vier Mutterwänden, der Bauchjurte,
una volta mas.
Als er kam, war's Sonnenfinsternis,
war Eclipsegehirn und halbverschattet
das Verstehen aller daran Beteiligten.
Wer war beteiligt?

Dieser kleine Junge
ist ein Ständigfort,
Halbwegshier,
Übersteuertanalog,
Ubiquus.
Die Gleichzeitigkeitsperson von Welt.
Arztsprechsosonderbar.
An ihm wird klar, wie unerträglich
diese Welt für Fühlende.
Besonders suchend fand man im Dickicht
unter Blättern, Stauden auch ein Wort:
Savant geschrieben, Sauvage gemeint.

Der kleine Junge,
Französisch spricht er nicht. Der Eiffelturm
ist ihm nur Stahl und Konstruktion.
Ihm helfen Tastatur
und Schreie, Schreie, Schlag
um Schlag. Es ist, als ob da
einer uns erkannt,
am Höhlenfeuer, innenwandgewölbt:
ein Schatten.
Schrieb ich vor Zeilen nicht Eclipse?


*Für Birger Sellin, Sprachgigant*

PLUMBUM

„... und könnten Sie diesen Zustand einmal in Ihren eigenen Worten beschreiben?"

der schwarze Hund
das Kleid aus Blei
die Nacht im Gefieder

das Wesen aus Nebel
der Weg aus Wegen
die Fragen aus Leder

das große Schweigen
die Summe aus Zeit
der Körper im Raum

„Die Droge hilft/ der Tag wird hell/ das Leben: Traum."

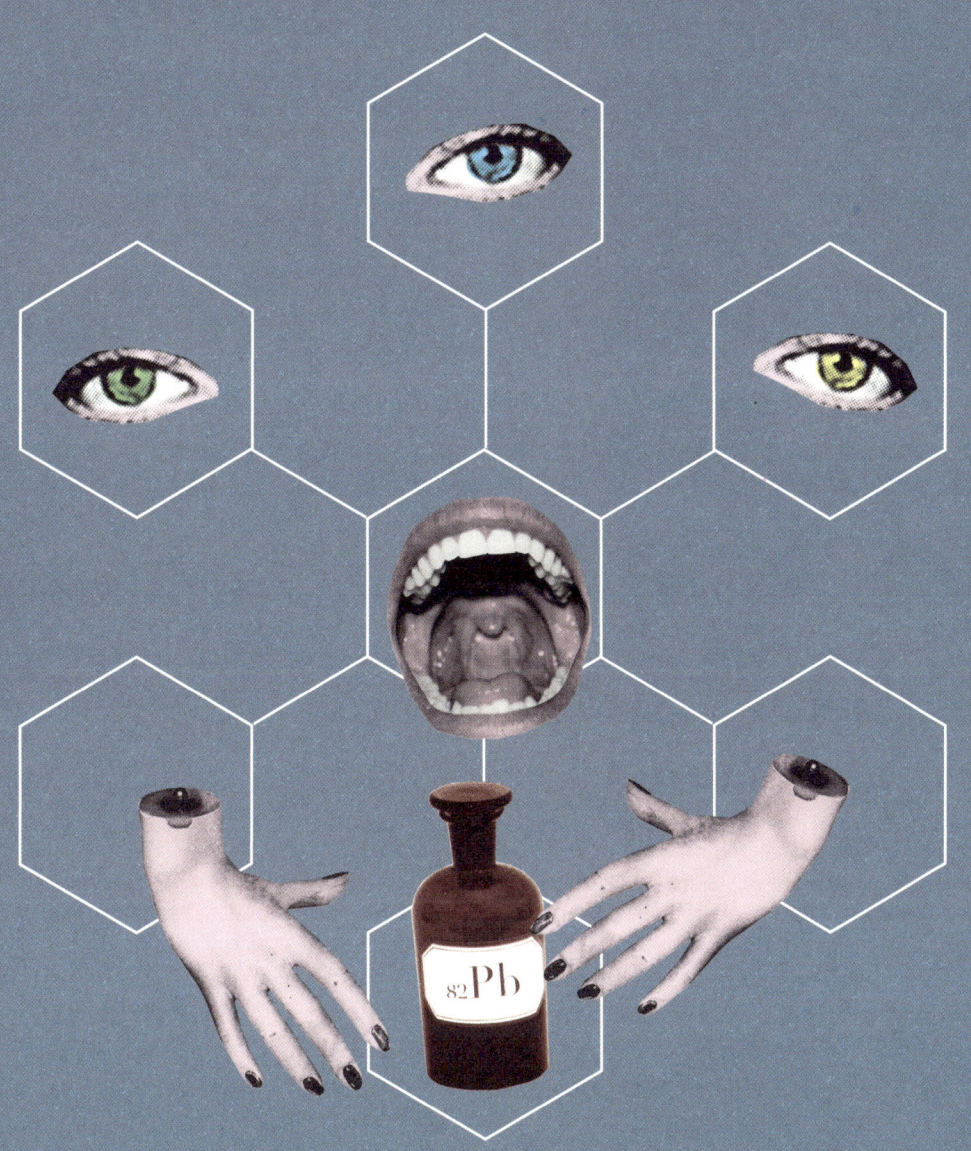

## SHOWTREPPENEBOLA

An neuen Seuchen
misst sich die Menschheit.

Ich wünsche Pest an deinen Hals.
Du schickst mir Decken,
kleine Pocken eingewebt darin.
Wir niesen nachbarschaftlich
uns die Arme ineinander
und alles Küssen,
das ist Judasbruderkuss.
Ich seh an deinen Händen, Thomas,
auch dir ist nicht zu trauen.

Und immer ist es auch Sprache,
die wir brauchen, um einander
Drastisches zu senden.
Das Ultimatum steht. In 24 Stunden
sollst du deinen Platz auf Erden
räumen:

Flüchtlingsjedermann,
nimm diesen Ausweg! Er führt dich
auf die Straße hinterm Haus,
wo Leichen liegen.

# HERPESWALTZ

Ich küss dich
Du küsst mich
Kommt's auf uns

Ich spür dich
Du spürst mich
Bleibt's in uns

Es juckt mich
Es juckt dich
Was tun wir jetzt

Ich schreib dir
„Du bleibst mir"

Aus mit uns

## EINGEDENK DER HL. APOLLONIA[1] /
## HEUTE WAR ICH BEIM ZAHNARZT

Und ich war sperrangelweit,
eine große Wunde mein Mund,
Zeugnis der Feste und Fülle.
Die Lider starr vom bohrenden Schmerz,
die Hände hielten sich wie Idioten, doch
ahnend, dass ihnen das Halten
gar nichts bringt.
Aus Amalgam formte kunstfertig,
auskunftsfrei der Riese in seinem Tempel
– fast noch am Sabbat –
eine winzige Blüte und grub sie in ein Loch.
   Seit wann habe ich dieses Loch, oh Herr? Was bedeutet es,
ein Loch mit sich herumzuführen? Einen Nichtort, ein Paradies
verinnerlicht. Fast wollt ich rufen: Dieses Loch, so scheint mir's,
das bin ich. Nehmen Sie es nicht aus dieser Welt!

Da war ich längst floriert, fluoridiert,
verschlossen: ein Mädchen
vor seiner Zeit.

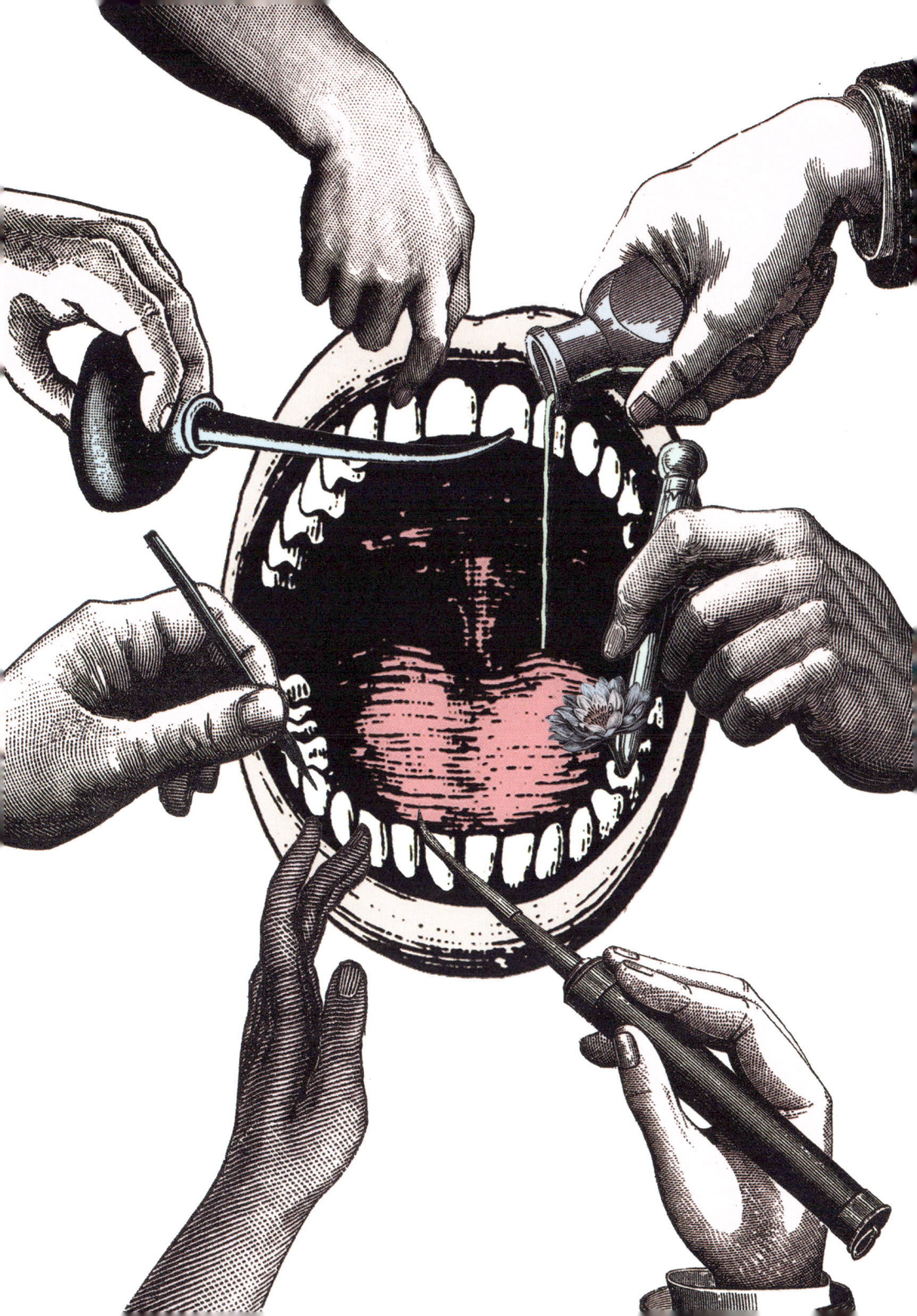

# MUTABOR

Der Fehler im Gen
Der Fehler im eGn
Der Fehler im enG
Der Fehler im Gne
Der Fehler im neG
Der Fehler im im Gen
Der Fehler im im eGn im
Der Fehler im im enG imm
Der Fehler im im enG Gimm
Der Fehler im im enG GGimmm
Mutavi

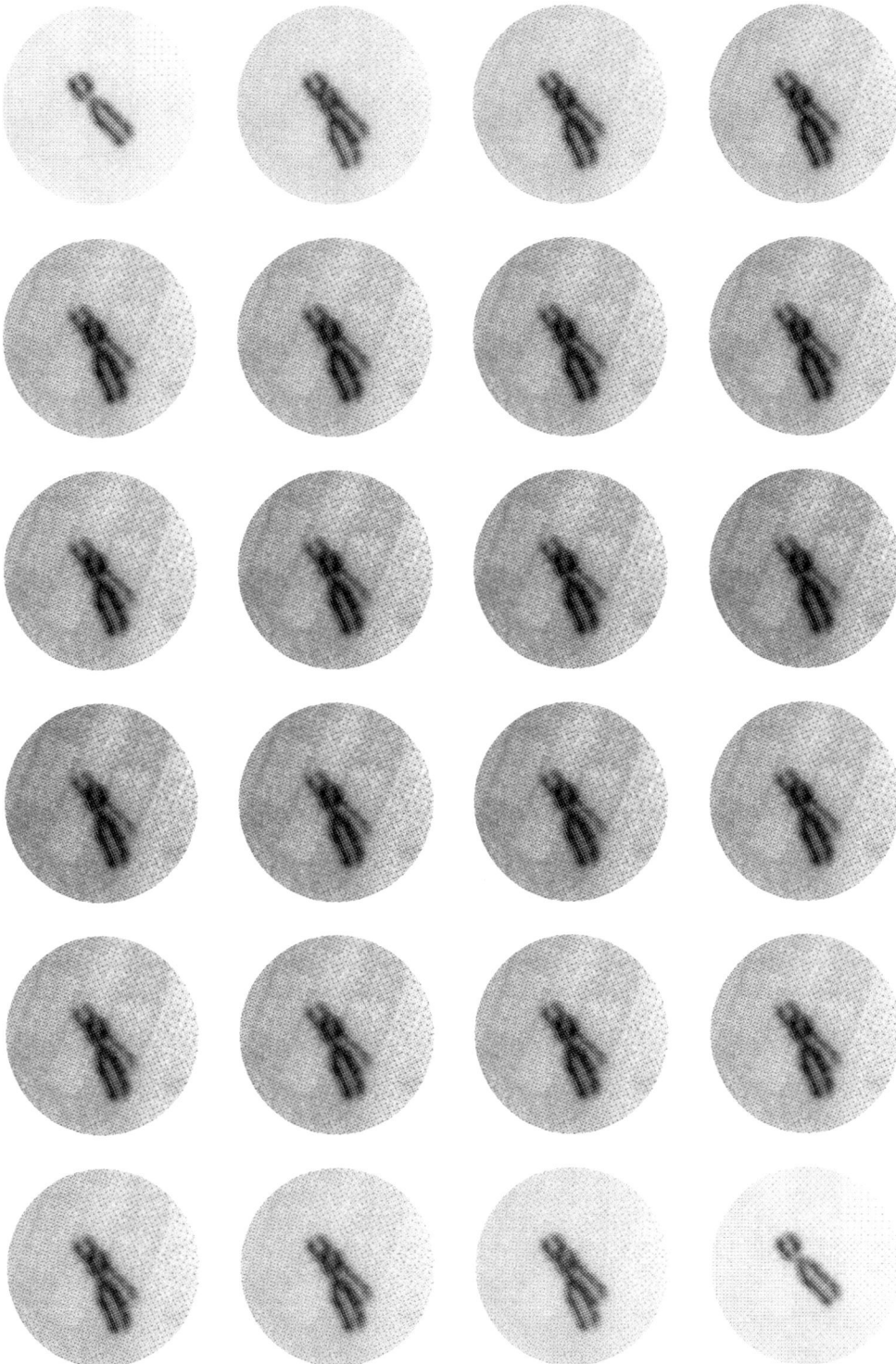

UNREIN

Sollen diese rufen,
sich in Lumpen hüllen und den Bart zerzausen,
so sind es die Leviten.

Auf Zehenspitzen war der Blick
durchs heilge Fenster zu erhaschen
auf den Herrn, der zweifelsohne
diesen fluchte für die Sünden nach dem Paradies.

Wie sonst ist zu erklären,
dass die Orte, wo sie lebt,
die Orte, sie sind ganzumweltlich,
so vielen Heimat waren, Heimat sind.

Ein Inselkorpus, pazifisch, friedlich,
genannt „das ebene Land gleich einem Blatt geformt",[2]
ist heute noch der Ort,
an dem die Entfernten sich zu ihrer Ehre
einquartieren.

Aus Hawaii die Postkarte:
Es ist hier dauernd Sonnenschein.
Ist wie im Film. Wie heißt der noch?
Ben Hur.

## MALA ARIA

Anopheles, komm, Kleinvieh!
Mach Mist von dieser Art: Bereite lange Fiebernächte,
wirre Träume, Schübe in Delirien, mach Tropen Thema,
wo vornehme englische Kälte herrscht,
schaffe Erinnerungen an dunkle Häute, Tänze, Feuer!
Was aus dem Summen in die Leber, in das Blut einströmt,
das kennt die Bänke des Tibers,
die Auen des Rheins, den Panamakanal.
Koloniale Königin Anopheles,
stets sendest du die Truppen dorthin,
wo wir Lupen auf die Welt
und blaue Helme brauchen.

## LING

Schmettern heißt auch Singen
für mich allzu stummes Tier
mit Flügeln zwei und
engem, halsinnerem Revier.

Mit Radiojod kannst du mich sehen,
auch Ultrawellenklang kann hörbar,
große Augen machen,
für meinen nicht vorhandnen Sang.

Wie auf den Notenzeilen 1 bis 5
die Viertel, Achtel, Halben, Ganzen,
so bilden heiße, kalte Knoten sich.
Belcanto will nicht glänzen.

Ich bin das letzte, leuchtend Ding,
wenn deine Lichter ganz erkalten.
Im Hygienemuseum Dresden sah ich's einst
und glaub es seither gern:

Ich bin der Schmetterling,
dem deine Seele nacheilt.
Nicht einzufangen, auszudenken, auszuhalten,
was durch mich nicht geschieht.

## DIE HERZ-LUNGEN-MASCHINE ANTWORTET

Seitdem ich denken kann
ist Liebe mein Motor.
Natürlich kenn ich ein Aus,
dem das Vorbei dann folgt,
doch wenn Sie mich so fragen,

dann bin ich Liebe ohne Ansehen der Person.

Ich bin so echt, dass keine Zweifel
über mich erhaben.
Wenn dein Herz nicht mehr liebt,
so liebt dich mein Motor.
Und haucht kein Kuss mehr,
so küss ich unterbrechungslos.

Ich bin die Liebe weißer halber Götter.

Doch ich schweife ab. Sie fragten,
ob ich sterben lassen könnte. Und ich sage:

Ich bin die große automatisierte Liebeszwangsmaschinerie.
Und ich lächle, und ich dopple hier wie Brecht,
der so lakonisch wie gerecht.
Und ich lächle nie.

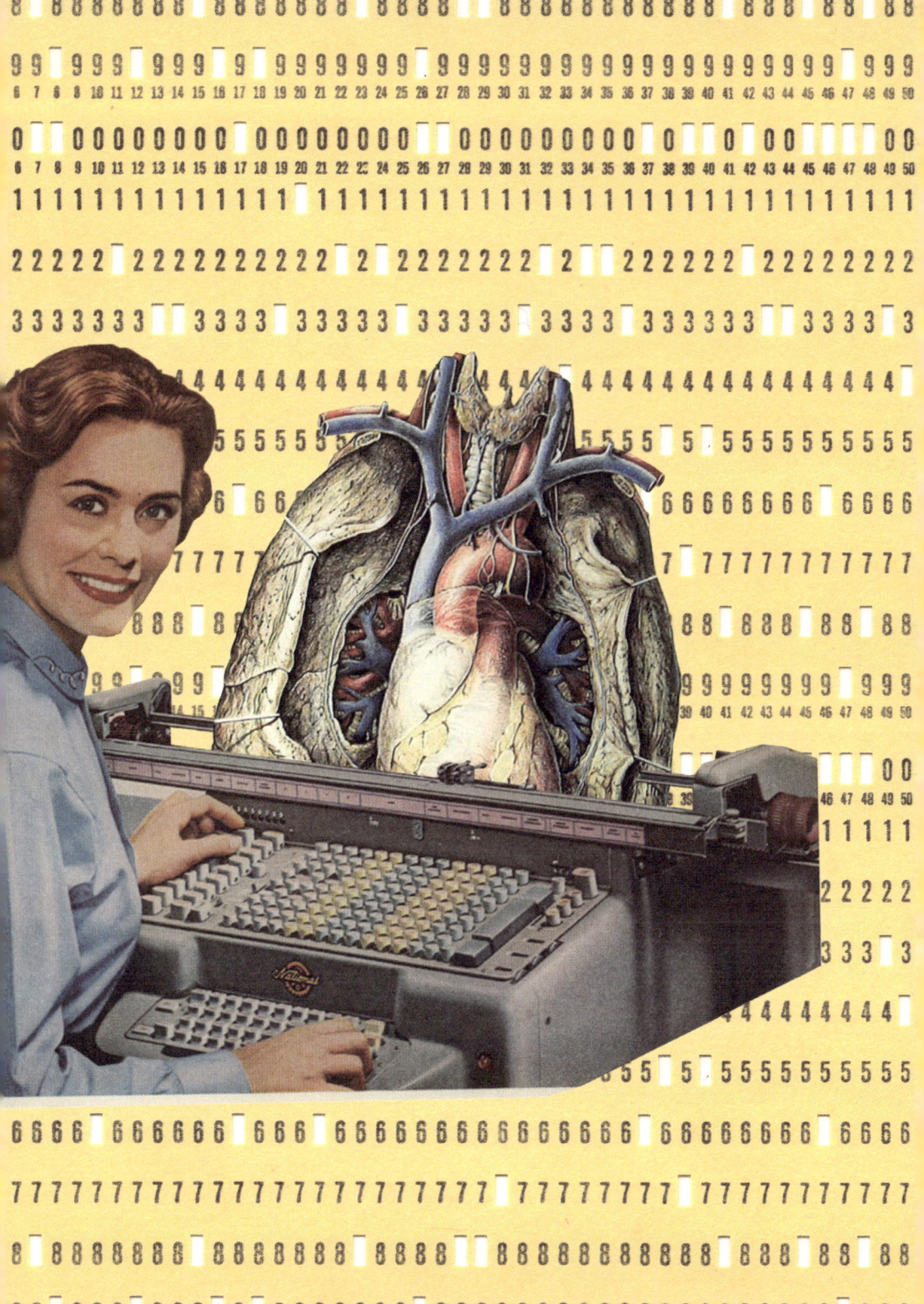

## TEREDO NAVALIS

In Stockholm, wo man in den 60er Jahren ein Schiff
der 1600er barg, wo du sie, immer sie anriefst,
sie, die ein Weltgesicht aller hat,
da kroch er uns namentlich über den Weg.

Teredo Navalis –
ein Name, der Schrecken verbreitet,
Frauen und Kinder fürchten macht,
aber viel mehr noch: den Käpt'n.

Teredo Navalis –
ein Bewohner der Wasa,
ein Gefangener des Elements,
eine Stufe des Seins, das noch nicht abgeschlossen.

Teredo Navalis –
Schiffsbohrwurm von bis zu 60 Zentimetern Länge.

Während wir durch das Museum streiften,
um ein gesunkenes Großunternehmen herum,
sank mein parasitär besetztes Herz
mit allen Organen der Flotte.

Hatte nicht einer Steine mir in den Bauch genäht,
als ich offen klaffte vor Eifersucht?

Teredo Navalis –
du Seemannsspulwurm, es steckt in dir
wie in allem seither
das brackwasserfaule

Warum

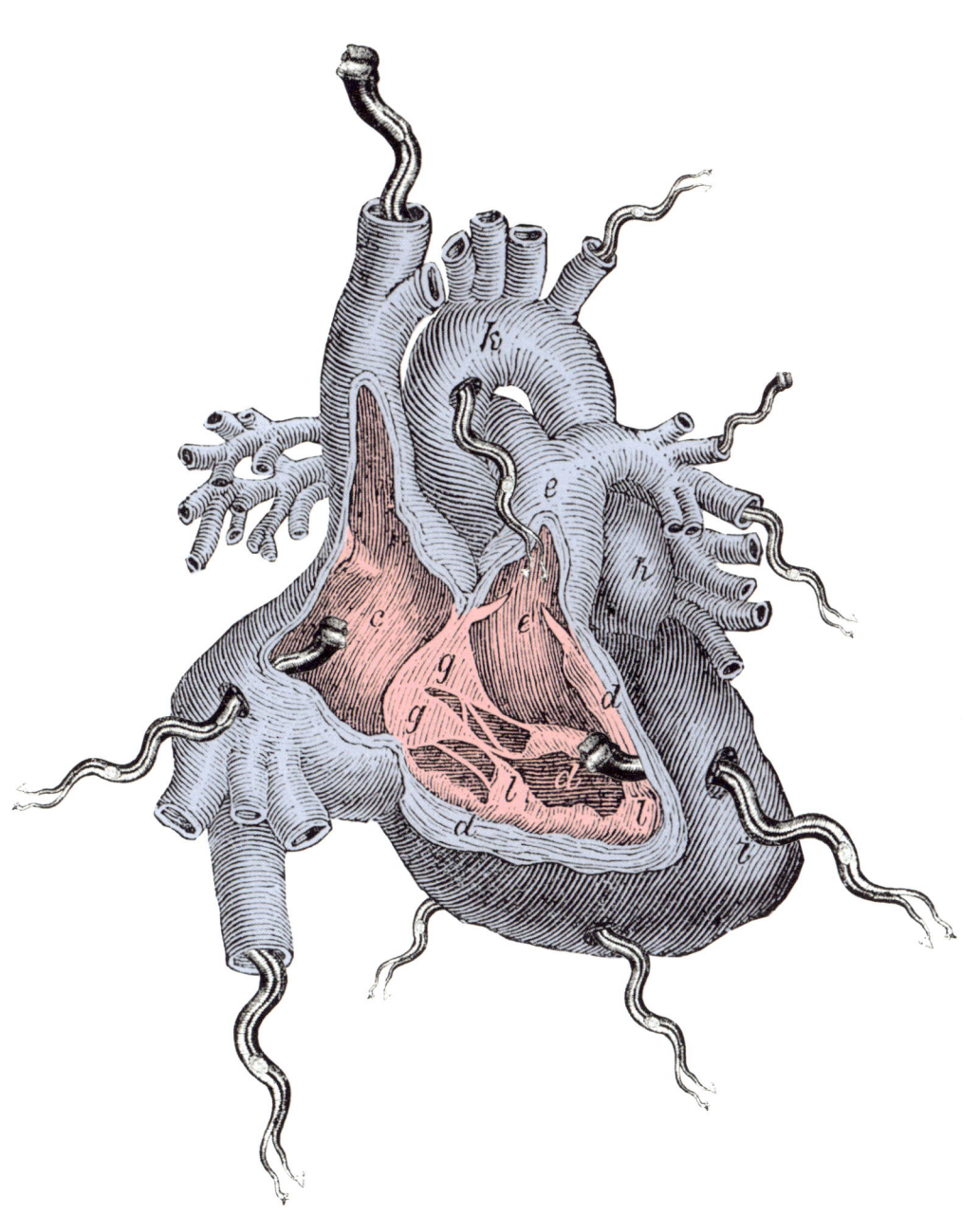

# 1630 A.D.

Geschlagen die Truppen vor Mantua.
Wieder ein Deutscher, immer ein Deutscher, der Untergang bringt.
Und dann geschwollene Lymphe im Kanalgewürm.

Die Armen, sie werden schwarz.
Die Armen, sie vergehen in Feuchte.
Es muss das Dampfen sein, des Menschen Hitze.
Wer kann widersprechen mit Kandiertem im Mund?

Die Stadt nun als die stille Schöne: zunehmend stille, weniger schön.

Die Reichen bluten, die Armen verbrennen zur Besserung der Lage.
Die haben wir nicht in den Händen, wenn wir mal ehrlich sind.
(Wir lassen hier die Juden
die Christen bezahlen,
sie einzusperren.)

Der Senat gibt vor, hebt an, setzt durch.
Der Senat ist eine Sammlung ängstlicher Männer.

In deren Dienst tritt er ein, ganz dottore.
Venezia ist Helena, die man nicht rauben möchte. Zum Geschenk
würd' man sagen: nein danke! Das Pferd mit den Truppen im Bauch
kann im Stall die Posaunen erwarten.

Doch es ist wie mit Leiterwagen und elterlicher Courage:
Es ist drum herum ein Geschäft zu verdienen. Drum, Schnabel und Maske!
Wacholder, Essig und Rosmarin auf Jungfrau und Greis gerieben!

Europa lernt hernach die bunte Welt des Handels ganz neu kennen.
Pakt, Pakete, die mit Winzigtier geschlossen.
Ratte und Floh, Menschengeschwister,
die vollkommen, Unschuld und Paradies
noch sind.

Madonna della salute, juckt dich der Anblick der Schiffe
heute wie gestern? Der dottore hat ein Mittel. Bestimmt!

# POLIOGRAPH

My fellow Americans
ich stelle mit Bestürzung fest,
dass meine unbewegten Beine
nichts vorangetragen haben.

Dass ihr jetzt im Sitzen
tötet, Drohnen schickt,
wo Drohung auf zwei Beinen
Eindruck machen könnte.

Even Eleanor called it all
a blessing in disguise,
erstaunlich, aber wirklich
gut verborgen, bis kenntlich wurde,

was des Wählers Segen:
A leader not so much parading
but more quiet at his desk.
No shoe shuffling,

Hufe scharren für Ungeduld und
Ehrfurcht in den anderen.
Und was ist heute?
Nachdem wir schon mal weiter waren?

Es sind die Tage der
allgemeinen Plätze:
the leader of the free world
a generalissimo generalissimo.

Meine Rede zur Lage der Nation
spreche ich wie immer zu euch
im Sitzen. Mich traf ein Virus.
What is your excuse?

## SHIH TZU

Die Doppelsichtigkeit beim Blick aufs Ich
ist eine Diagnose,
der keine Brille aufzusetzen ist.

Du und alle anderen Ichs,
wir sind in einem Körper
heillos aneinander festgebunden.

Wo einst ein Mann sich Wachs in seine Ohren träufeln ließ,
um dem Sirenensang so zu entkommen,
bist heute du es, der die Stimmen bündelt mit dem Megaphon.

Und Rausch und Lärm
die helfen dies zu überfärben für den Augenblick.
Der Dinnerpartytalk im Hirn ist ständig

Frack mit Kummerbund für diesen einen,
der nie eingeladen, dafür Empfänger auf Lebenszeit für andere ist.

Ein kluger Film ließ eine junge Frau mit 13 Innenleben
von Sally Field durchklingen. Ich sah ihn und
dachte unweigerlich an dich.

Der Hund zu sein im eigenen Leben, das ist Filmstoff,
doch Ding zum Leben, Lebensmittel ist es nicht.

## DIE SPANIERIN

Die Spanierin, sie kommt aus Kansas,
wo sie ein Skandal ist, aber pssst!
Olé! Sie schlägt die Rotschuhhacken,
wünscht sich fort aus dieser Steinbecklandschaft,
schart die herzlosen, mutlosen Strohköpfe um sich
in einem Wirbel gen Europa,
the Wicked Bitch of the East.

Dort herrscht Krieg und es wäre ein böses Wort,
käme der Tod nun aus dem Westen.
Daher ist alles Schweigen und das wird
schwarzes silencio auf weißem papel.
(Jeder, der geimpft wurde, starb – schon im wunderbaren Oz.)

Dieses Mädchen aus Kansas
ist heute alte Dame zu Besuch
in Büchern der Geschichte.
Doch dass die gelbe Straße
die roten Schuhe in schnellen Schritten
auf 20 Millionen Grabsteinen
um den Erdball tänzeln ließ,
umarmt vom Löwen, Blechmann und der Scheuche,
das ist heute noch ganz großes Kino,
Totentanzchoreographie.

**Schema F**

**Der fortschreitende Verlust
wertvoller Erbmasse
muss eine schwere Entartung
aller Kulturvölker zur Folge haben.**

**Von weiten Kreisen
wird heute die Forderung gestellt,
durch Erlass eines Gesetzes
zur Verhütung erbkranken Nachwuchses
das biologisch**
     **minderwertige Erbgut auszuschalten.**

**So soll die Unfruchtbarmachung
eine allmähliche Reinigung des Volkskörpers
und
die Ausmerzung**

(An dieser Stelle stoppt wie immer die Zeit. Es ist ja ganz falsch, anzunehmen, dass sie das nie tun würde. An dieser Stelle ist sie wieder 19 Jahre alt und ein Mädchen, heute nun von 80 Jahren. Beide Frauen deckungsgleich im Spiegel, beide für des einen Volkes Körper nicht geeignet, was sie lächeln machte. Wären da nicht Schnitt und Narbe, Fragen, Hohn und Antwortlosigkeiten für eine Weile, länger als die Lebensspannenabnutzungserscheinungsscheinbarkeit. Wir wollen sie genau besprechen, die Sprachlosigkeit. Die Pantomime hat ein Ende, wo der Körper Hand-aufs-Herz, drei Kreuze über Brust, die hohle Hand am Kinn die Heimstatt deuten sollte. Auch so ein Eileiter ist letztlich nur ein Himmelstreppchen für ein Tröpfchen in dem großen Plan. Wir schleichen uns aus diesem Zimmer, in dem nun Fragen wach und Lampen trostlos hell erleuchtet, obwohl die Nacht noch tief und schwarz, und wollen wiederholen mit aller Verlassenheit der Tötungssprache den Sinn, denn hier gab es bei aller Willkür wirklich einen herzzerreißenden, hirnspaltenden, alles Menschliche entzweienden Sinn: Es sollte die Unfruchtbarmachung eine allmähliche Reinigung und Ausmerzung)

**von krankhaften Erbanlagen bewirken.**[3]

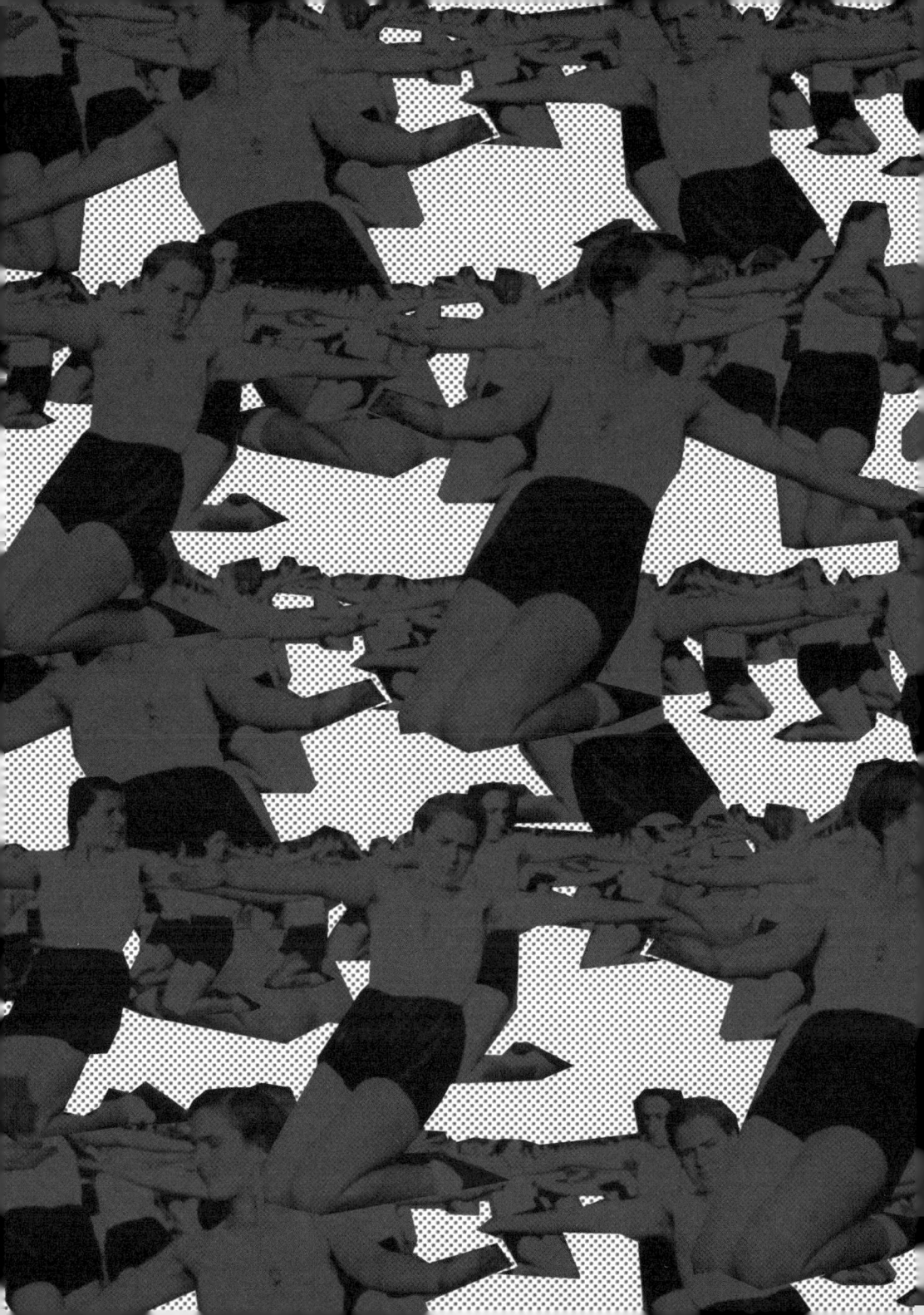

VENUS: vidi, vici

Die klügsten Geister hatten sie für mehr als eine Nacht,
spendeten ihr Beifall, Zungenküsse, Apanagen.

Sie behielt sich immer vor,
den Moment zum Niederknien anzukündigen
mindestens mit einem Jücken.

Das herrliche Beisammen, buchstabiert wie „Tod"
und davon die geringere Form:
le petit mort.

Was man zwischen ihren Beinen suchte?

Ich weiß es nicht. Es scheint mir aber, Männer besitzen seit Jahrhunderten
die Meisterschaft im Verlegen ihrer Dinge.

Sie ist per definitionem die Strafe nach der Lust,
die sich auch vorbehält, den Raum zu füllen.
Den verschwindend kleinen Raum, dein kleinstes Zimmer
zwischen Ohr und anderem Ohr.
Da macht sie taub und blind und schiebt das Mobiliar umher,
auf dass du stolperst über diese Badeschwester.

## CAVE CANEM

Wuffhund
Hundmaul
Schaumgrrr
Autoschaden
Namensschild
Cujo
Gooddog
Garagenplatz

Hundschlund
Schaumterror
Autotür
Autofenster
Muttersohn
Hitzehitze
Bissbiss
Stephenking
buchstabieret
Hundlatein

Stand doch auf dem Schild

## TRAUM MIT A

Komm ins reizende Vergessen,
wo die Vögel
und die Dinger
mit dem Ding so ding,
Du kling

Ding der.
Wollten Hochzeit tuscheln,
hab die Mauerwanze,
Lauerding, wo Dinge.
Erster Kuss

und erstes Tanzbein.

Nach dem Trauma (Traum mit A),
das B sagen fällt so
handgranatenich
und schwer.

Wie heißt das Land, wo
uns nur noch Zitronen blühen?
Die jungen Dinger alle bluten?
Wo die Jungen?

Ach reizend, diese Formulare
und die Gradzahl meiner Störung:
Mit jedem Mehr

gibt's Ding aufs Konto,
Ding im Bildorcchauonmikroskop.

Krieg heißt, alle wollen jetzt,
keiner will danach.
Mit 41 Grad ist Fieberding
vor meinem Spiegel.

## DIE MÄDCHEN IN BERGEN-BELSEN

Anne und Margot,
lange verborgen unter den Sternen,
mit wenig mehr als einer Stimme bedeckt,
füllten die Zeilen mit Zeit
und es entstand, was die Menschen
ein Tagebuch nennen.
Das Buch der Tage der einen wurde
Weltlektüre. Die andere
ist verschwunden von der Erde.
Ist Schwester von und Tochter von,
als diese von den Toten selbst kaum mehr erinnert.
Doch Frau Typhus weiß noch,
wie sie die Mädchen traf.
Sie nahm sich die bewunderte Kluge
so gern. Die macht gute Gesellschaft,
mit der kann man Welten in Zahlen fassen.
Und leicht ist die, wie eine Feder leicht.
Obwohl die auch eine Tonne ergeben,
wenn das Gewissen sie einzeln
zur unfasslichen Summe addiert:
Margot und Anne.

## WEISS WIE MUSCHELKALK

Wenn einer krank ist am Krieg
und am Scheißgeld, das nicht da ist,
und er jeden Monat einen Tag für den Selbstmord
plant, dann ist es trotzdem gut,
dass der Krieg dasteht mit Stock, Gewehr und mit Hut
und einem System, das die Witwen versorgt.

Das ist das Leben, ein Würfeln mit dem Tod und dem Teufel,
die beide elende Spieler sind, weil sie so
verdammt viel Zeit haben, ihre Würfe zu üben.
Und wenn einer wie der, der sich für einen Matrosen,

mal für ein Seepferd, mal für einen Weltmann hält,
sagt, dass er stirbt an einem weißen Tod,
dann ist das kein Scherz.
Dann ist das: leere Tasche, leerer Magen, voller Sorgen
Kopf und es ist ein armer Dichter und
es bleibt in Ewigkeit, dass auch die Guten leben und
sterben für die Richter.

## HAARMANNS SELTENE MÄDCHEN

Das Menschenfleisch will warm serviert sein.
Es soll die Kraft behalten,
die Nachbarschaft vom Hunger abzulenken.

Nur mancher fragt, warum „das Reh" so klebrig süß.
Und die Erklärung lautet lapidar:

„Weil's ein zuckeriges Reh mit langem Haar, in hohen Schuhen
an einer dunklen Straßenecke war."

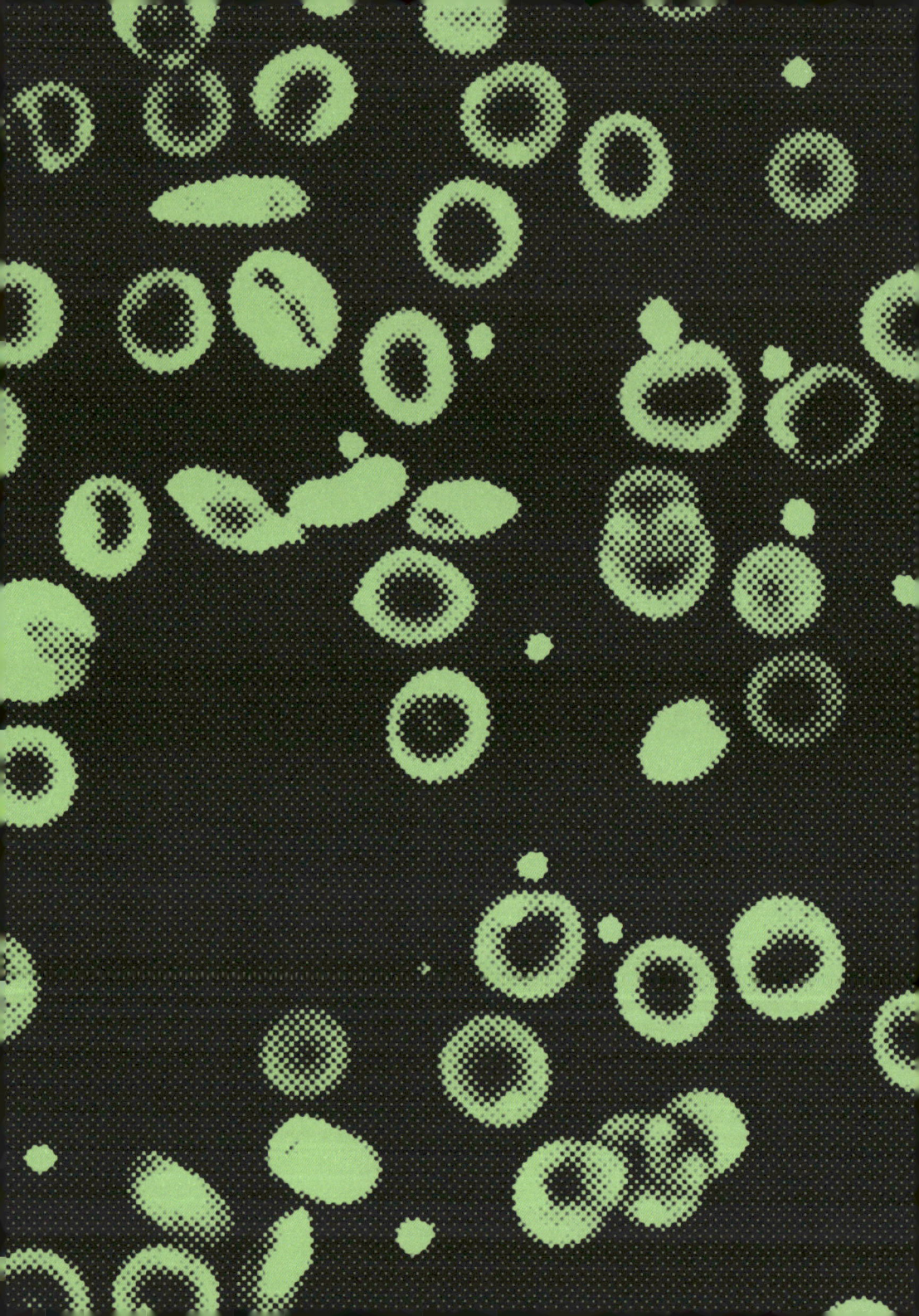

Kalt ist der Abendhauch.
Verschon uns, Gott! mit Strafen,
Und laß uns ruhig schlafen!
Und unsern kranken Nachbarn auch!

- Matthias Claudius

ANMERKUNGEN ........................................................................................................................

[1] Heilige Apollonia, Schutzheilige der Zahnmediziner

[2] Ehemalige Leprakolonie Kalaupapa

[3] Gesetz zur Verhütung erbkranken Nachwuchses vom 14. Juli 1933

NORA GOMRINGER ..............................................................................................................

hat sieben Lyrikbände vorgelegt und schreibt für Rundfunk und Feuilleton. Zuletzt veröf-
fentlichte sie den Band „Monster Poems" (Voland & Quist 2013). „Sag doch mal was zur
Nacht" (2006) und „Klimaforschung" (2008) wurden ins Schwedische bzw. Französische
übersetzt. Für Goethe Institut und Pro Helvetia reist sie um die (Literatur-)Welt. Sie war
Poetikdozentin an den Universitäten Koblenz-Landau, Sheffield und Kiel. Neben zahlrei-
chen anderen Auszeichnungen sowie Aufenthaltsstipendien in Venedig, New York, Berlin,
Ahrenshoop, Krems und Novosibirsk wurde ihr 2011 der Jacob-Grimm-Preis als Teil des
Kulturpreises Deutsche Sprache und 2012 der Joachim-Ringelnatz-Preis für Lyrik zuer-
kannt. 2015 erhielt sie den Weilheimer Literaturpreis.

REIMAR LIMMER ..................................................................................................................

studierte 2000–2005 Kommunikationsdesign. Seitdem ist er als Grafiker und Illustrator
vor allem im Kulturbereich tätig und illustrierte zuletzt Nora Gomringers „Monster Poems"
(Voland & Quist 2013). Er lebt und arbeitet zurzeit in Bamberg.

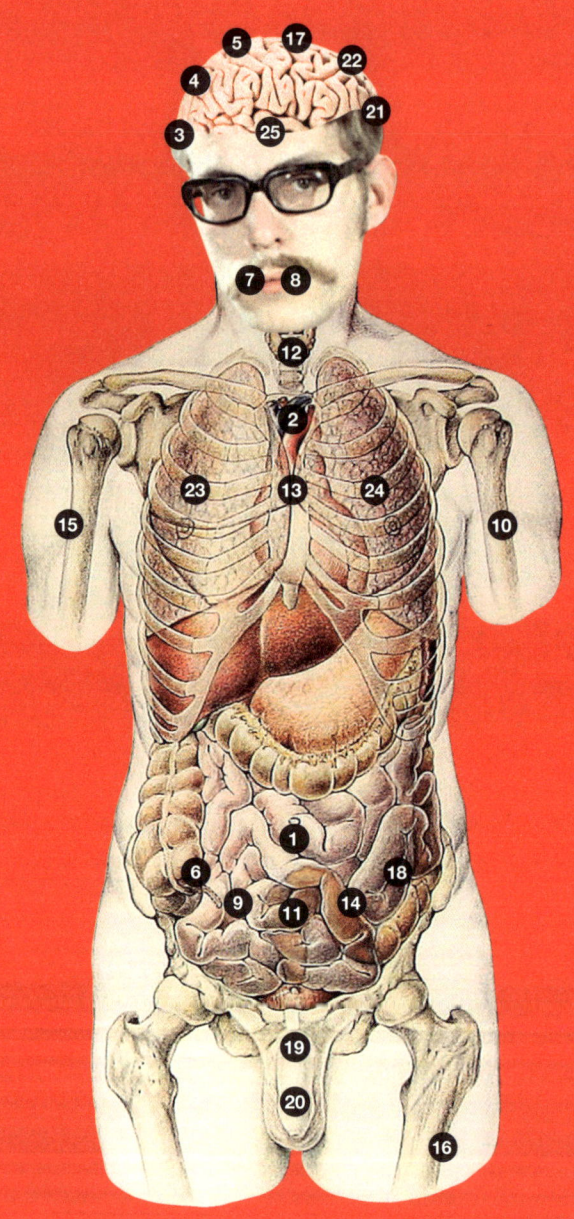

## CD-TITELVERZEICHNIS

**1** Nashi 1:33

**2** Erzieher 1:29

**3** Hab vergessen 0:52

**4** Le petit garçon, platonique 1:29

**5** Plumbum 0:44

**6** Showtreppenebola 0:57

**7** Herpeswaltz 0:31

**8** Eingedenk der Hl. Apollonia 1:02

**9** Mutabor 0:27

**10** Unrein 0:57

**11** Mala Aria 0:48

**12** Ling 1:00

**13** Die Herz-Lungen-Maschine antwortet 0:59

**14** Teredo Navalis 1:19

**15** 1630 A.D. 1:50

**16** Poliograph 1:10

**17** Shih Tzu 1:13

**18** Die Spanierin 1:18

**19** Schema F 2:12

**20** VENUS: vidi, vici 1:37

**21** Cave Canem 0:27

**22** Traum mit A 1:08

**23** Die Mädchen in Bergen-Belsen 1:06

**24** Weiß wie Muschelkalk 1:09

**25** Haarmanns seltene Mädchen 0:36

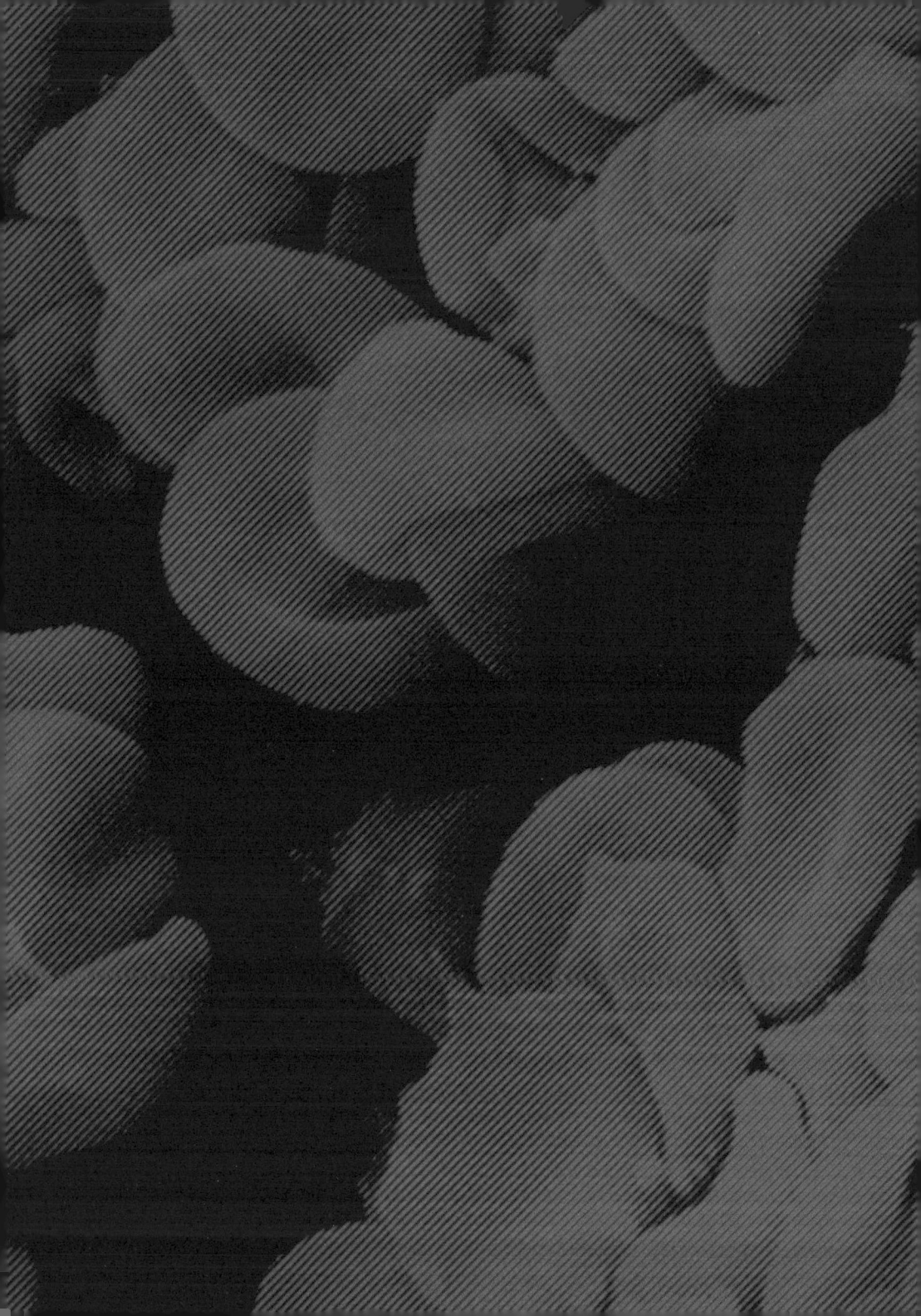